COUR DE CASSATION,
CHAMBRE CIVILE.

PREMIER PRÉSIDENT,
M. LE COMTE PORTALIS.

RAPPORTEUR.
M. DUPLAN.

M. . . . .
AVOCAT GÉNÉRAL.

MÉMOIRE

POUR

M. J.-A. LEROUX,

BANQUIER A PARIS,

DÉFENDEUR

Au pourvoi ci-après, admis par arrêt de la Chambre des requêtes du 19 juillet 1841 ;

CONTRE

LES SIEURS J.-B. DELATTRE-DEMERCASTEL ET J.-B. LEFÈVRE,

PROPRIÉTAIRES DOMICILIÉS A PARIS,

AGISSANT AU NOM ET COMME SYNDICS DE LA FAILLITE DE LA SOCIÉTÉ DU TRÉPORT,

DEMANDEURS

En cassation d'un arrêt de la Cour royale de Rouen du 23 mai 1840.

Est-ce au greffe du Tribunal de commerce du domicile du prêteur, du lieu où l'acte est fait, ou est-ce au greffe du tribunal du domicile de l'emprunteur que l'enregistrement et le dépôt de contrat de prêt à la grosse doivent avoir lieu?

Telle est la question soumise à la Cour de cassation.

I

(2)

L'arrêt a, dans l'espèce, décidé que l'accomplissement de ces formalités au greffe du tribunal du domicile du prêteur, qui était en même temps le lieu où l'acte avait été passé, avait satisfait à la loi.

Cinq moyens ont été développés à l'appui du pourvoi. — Le premier résultant de la violation des articles 192 et 312 du **Code de commerce**. — Le deuxième tiré de la violation des articles 191, 192 et 311 du même Code. — Le troisième basé sur la fausse application de l'article 311. — Le quatrième motivé sur la violation des articles 1904, 1153, 1154 et 1155 du Code civil. — Le cinquième fondé sur la violation de l'article 191, quant aux intérêts.

§. 1er. — Violation des art. 192 et 312 du Code de commerce ainsi conçus : — 192. « Le privilége accordé aux dettes énoncées « dans le précédent article (1) ne peut être exercé qu'autant qu'elles « seront justifiées dans les formes suivantes, 1°, 2°, 3°, 4°, 5°, 6°, « 7°; les sommes prêtées à la grosse sur les corps, quille, agrès, « apparaux, armement et équipage avant le départ du navire, sont « constatées *par des contrats passés devant notaires ou sous signa-* « *ture privée dont les expéditions ou doubles seront déposés au* « *greffe du Tribunal de commerce dans les dix jours de leur date.*»

312. « Tout prêteur à la grosse, en France, est tenu de faire « enregistrer son contrat au greffe du Tribunal de commerce dans « les dix jours de sa date, à peine de perdre son privilége.

Le moyen des demandeurs consiste à dire : « Deux formalités « sont nécessaires pour assurer un privilége au prêteur à la grosse. « 1°. Le dépôt du double ou de l'expédition au greffe du tribunal « de commerce (art. 192). 2°. *L'enregistrement* du contrat au « même greffe dans les dix jours de sa date (art. 312); le tout à peine « pour le prêteur de perdre son privilége. Or, ajoutent les deman-

---

(1) Art. 191. « Sont privilégiées et dans l'ordre où elles sont rangées les dettes « ci-après désignées : 1°, 2°, 3°, 4°, 5°, 6°, 7°, 8°, 9°, les sommes prêtées à la « grosse sur le corps, quille, agrès, apparaux et sur l'armement et l'équipement « avant le départ du navire. »

deurs, lorsque le domicile du prêteur est différent de celui de l'emprunteur, c'est au greffe du tribunal de commerce du domicile de l'emprunteur que doivent avoir lieu l'enregistrement et le dépôt du contrat; dans l'espèce, les emprunteurs étaient domiciliés à Tréport; c'est à Paris, lieu du domicile du prêteur que l'enregistrement et le dépôt ont eu lieu; il y a donc nullité puisqu'il n'y a eu ni dépôt ni enregistrement au greffe du tribunal de l'emprunteur. »

Rappelons d'abord les motifs de l'arrêt :

« Attendu, a dit la Cour, que le contrat notarié intervenu le 14 juillet 1837 entre Leroux, banquier à Paris, et Lavoisier agissant au nom et comme gérant de la Société connue sous la dénomination de *Compagnie du Tréport pour la pêche de la marée*, a été rédigé dans la forme et suivant les conditions tracées par le Code de commerce; que c'est en présence et sous la foi d'une délibération prise en assemblée générale des sociétaires que le prêt à la grosse de 34 000 fr. aujourd'hui réclamé, a été fait sur le corps, quille, agrès et apparaux des douze sloops de pêche qui devaient répondre non-seulement du capital, mais encore du profit maritime stipulé en faveur du prêteur; attendu que celui-ci réclame sur le prix des navires affectés à la garantie du prêt et vendus après la dissolution de la Société tombée en faillite, le privilége que les articles 191 et 312 accordent au prêteur à la grosse; que les syndics contestent vainement et la nature du prêt dont il s'agit et le privilége qui s'y rattache; que les stipulations du contrat repoussent énergiquement leurs prétentions à cet égard, puisqu'il est manifeste que le capital aventuré, dont le sort était lié à celui des sloops de pêche, eût été perdu pour le prêteur si ces navires eussent péri; qu'il est constant que le contrat du 14 juillet 1837 a été enregistré le 20 du même mois à Paris, lieu de sa confection; qu'ainsi le vœu de l'article 312 sainement entendu a été rempli; que l'esprit comme la lettre de ce

« texte résiste à la prétention élevée par les syndics de la faillite sur
« ce point; que, pour le démontrer, il suffit de faire observer que
« les prêts à la grosse se font le plus ordinairement ou sur des
« navires à l'étranger, dans des parages lointains, ou dans un port
« de France, quelquefois à 200 myriamètres du lieu où les parties
« contractent; que si, dans le premier cas, il n'y a pas d'enregis-
« trement possible, dans l'autre, la loi, qui prescrit un délai de
« dix jours, serait inexécutable. »

On se demande, après avoir lu ces motifs, en quoi la Cour royale
aurait violé les art. 192 et 312 du Code de commerce.

D'après le premier de ces articles, l'expédition ou le double du
contrat à la grosse doit être déposé au greffe du Tribunal de commerce, dans les dix jours de sa date.

D'après le second, le même contrat doit être enregistré au
greffe du Tribunal de commerce dans les dix jours de sa date, à
peine, pour le prêteur, de perdre son privilége.

Il est constant que le contrat du 14 juillet 1837, passé devant
notaire à Paris, a été déposé et enregistré le 20 du même mois au
greffe du Tribunal de commerce de Paris, lieu de sa confection, lieu
du domicile du prêteur.

Donc les art. 192 et 312 ont été exécutés.

Mais, disent les demandeurs en cassation, c'était au greffe du
Tribunal de commerce du domicile des emprunteurs et non au Tribunal de commerce du domicile du prêteur que l'enregistrement
et le dépôt du contrat de prêt à la grosse devaient avoir lieu. Les
formalités accomplies à Paris sont inefficaces, et faute de les avoir
remplies au tribunal d'Eu dans le ressort duquel les emprunteurs
étaient domiciliés, il y a nullité de l'acte et perte du privilége.

Une première remarque à faire, c'est que nulle part le Code de
commerce n'a déterminé le tribunal où le contrat à la grosse doit
être déposé et enregistré, ce qui suffirait pour que la Cour royale
n'eût violé aucune loi.

La perte du privilége attaché au prêt à la grosse ne pourrait en effet résulter que d'une contravention formelle à un texte de loi.

Ainsi, dans l'espèce, il faudrait que le prêteur eût fait déposer et enregistrer son contrat au greffe d'un tribunal de commerce *autre que celui indiqué par la loi.*

En l'absence d'indication précise du tribunal où ce dépôt et cet enregistrement doivent avoir lieu, il ne peut y avoir ni violation ni contravention pour avoir accompli cette double formalité au tribunal du domicile du prêteur qui est en même temps le lieu où le contrat avait été passé.

En agissant de la sorte on s'est conformé, non-seulement à la lettre, mais au sens donné aux articles 192 et 312 depuis la publication du Code de commerce.

Vainement les demandeurs s'efforcent-ils de démontrer qu'il est plus raisonnable de choisir le domicile de l'emprunteur que celui du prêteur; leurs raisons ne peuvent pas faire ajouter à la loi ce qu'elle ne contient pas; leur prétention ne repose sur aucun texte, sur aucune base. Voilà ce qui est certain.

Pourquoi le dépôt et l'enregistrement du contrat de grosse devraient-ils avoir lieu au greffe du tribunal des emprunteurs?

Pour que les tiers fussent avertis de l'emprunt?

Est-ce que les mêmes formalités remplies au greffe du tribunal du domicile du prêteur n'ont pas la même efficacité? Est-ce qu'elles ne constatent pas aussi bien l'existence et les conditions du prêt, véritable but de la loi?

Quel motif donc de préférer le tribunal du domicile des emprunteurs à celui des prêteurs? il n'y en a aucun; et il y en a au contraire un très-puissant pour donner la préférence au tribunal du domicile du prêteur; c'est que l'exécution de la loi soit possible.

Or, s'il s'agissait d'un prêt fait au loin, comment la loi, entendue dans le sens des demandeurs en cassation, pourrait-elle être exécutée?

Alors que Rome faisait partie de l'Empire Français, le prêteur de Rome aurait été obligé, pour la validité d'un prêt à la grosse, de faire déposer et enregistrer dans les dix jours son contrat à Brest par exemple..... l'accomplissement de cette double formalité dans un pareil délai et à une aussi grande distance eût-elle été possible? assurément non.

Autre exemple : un prêt à la grosse est fait à Dunkerque sur un navire dont le propriétaire demeure à Bastia ou à Ajaccio, en Corse. En temps ordinaire une lettre met de huit à neuf jours à parvenir de Dunkerque à l'un et à l'autre de ces ports ; (à l'époque où le Code de commerce a été promulgué, il fallait encore plus de temps qu'aujourd'hui); pour peu que le bateau à vapeur qui porte la correspondance de France soit retardé par les temps contraires ou toute autre cause, il est évident que le contrat de grosse ne pourra être déposé en temps utile. Le prêteur perdra donc son privilége malgré toute sa vigilance?

A ces obstacles il faut ajouter : 1°. la nécessité, si l'acte est notarié, de le faire enregistrer et expédier avant de pouvoir l'envoyer.

2°. Ce fait, que le départ du bateau-poste de Toulon pour la Corse n'a lieu que deux fois seulement par semaine, le jeudi pour Bastia, le dimanche pour Ajaccio.

On le demande, n'y a-t-il pas là, comme dans une foule d'autres cas, impossibilité absolue, invincible, d'effectuer dans les dix jours du contrat le dépôt au greffe du Tribunal de commerce du domicile de l'emprunteur, et si cette impossibilité est palpable, peut-on dire que c'est là ce que la loi a voulu?

Inutilement dirait-on qu'aujourd'hui on peut correspondre d'une extrémité de la France à l'autre en quelques jours.

D'abord il ne faut pas, dans une question de droit, se décider par des circonstances postérieures à la promulgation de la loi; elle est invariable dans son application et, ce qu'on aurait jugé en 1807, on doit le juger en 1842.

Ensuite, comme on vient de l'établir, l'impossibilité serait encore la même dans beaucoup de cas.

(7)

Enfin, ce n'est pas par des calculs basés sur de nouvelles voies de communication et sur leur plus grande rapidité que par le passé qu'on peut ajouter à une loi.

Le législateur, en exigeant un enregistrement spécial pour les contrats à la grosse, a voulu prévenir les fraudes et empêcher qu'un débiteur pût constituer des priviléges au préjudice de ses légitimes créanciers, — pour cela deux choses étaient à constater : l'*existence* et l'*époque* du contrat.

« Un contrat à la grosse, disait M. Corvetto en présentant l'art.
« 312 au corps législatif, emportant privilége, l'*existence* et l'*épo-*
« *que* de ce contrat doivent être constatées de manière à ne pas
« exposer les créanciers ordinaires à devenir les victimes d'une *sup-*
« *position collusoire;* l'*enregistrement au greffe du Tribunal de*
« *commerce,* en France, l'intervention du *magistrat* à l'étranger,
« nous ont paru remplir un objet si juste et si salutaire. »

M. Mongalvy, dans son *Analyse raisonnée du Code de com-merce,* dit : « que le contrat à la grosse soit fait devant notaire ou
« sous signature privée, lorsqu'il est passé en France, doit être
« enregistré dans les dix jours *au greffe du tribunal du domicile*
« DU PRÊTEUR, sans quoi ce dernier perdrait le privilége qu'il a sur
« les objets affectés au prêt. »

M. Pardessus ne s'explique pas sur le tribunal de commerce où le dépôt doit être fait, mais il professe, comme M. Corvetto, que ces formalités *ont pour objet la régularité et l'existence de la con-vention,* ce qui n'implique pas plus la nécessité de l'enregistrement et du dépôt à un endroit qu'à un autre.

Un délai fixe n'a jamais été un délai de distance. La détermina-tion précise du délai dans lequel un acte doit recevoir son com-plément, ne s'applique qu'aux formalités à remplir dans le lieu même où l'acte est passé; que l'on parcoure tous les codes, on y verra que les délais basés sur des distances varient suivant l'étendue de ces distances. La raison voulait qu'il en fût ainsi, car il faut plus de temps à une partie pour faire remplir une formalité à deux cents lieues de son domicile, que pour la faire remplir à dix lieues.

Si donc le législateur avait voulu exiger le dépôt et l'enregistrement du contrat de grosse au greffe du tribunal de commerce du domicile des emprunteurs, il n'aurait pas prescrit l'accomplissement de ces formalités dans un délai fixe, mais il aurait eu égard aux distances, et le délai aurait été calculé sur celle qui se serait trouvée exister entre le domicile du prêteur et celui de l'emprunteur. Le terme étant fixe et de rigueur, il en résulte que les obligations imposées au prêteur doivent être accomplies là où demeure le prêteur, là où le prêt est fait.

Il arrive fréquemment qu'un navire est forcé de relâcher dans un port fort éloigné et que le capitaine y emprunte à la grosse ; jusqu'à présent la double formalité du dépôt et de l'enregistrement ont eu lieu au tribunal de commerce du domicile du prêteur ou de la confection de l'acte, et il n'en est résulté aucun inconvénient. S'il fallait remplir ces formalités au loin, se dessaisir de son titre qui peut être S S P., lui faire traverser les mers, l'exposer à être perdu, le confier à des correspondants plus ou moins ponctuels, rester jusqu'au retour de ce titre dans une perplexité facile à concevoir, il n'y aurait pas de prêts à la grosse possibles, et cette ressource si nécessaire au commerce maritime lui serait enlevée.

En droit donc, il est hors de doute que c'est au greffe du tribunal du domicile du prêteur que l'acte doit être déposé et enregistré dans les dix jours. C'est ce qui se pratique constamment partout ; c'est la seule entente raisonnable, la seule exécution possible de la loi, la seule qu'elle ait reçue jusqu'à ce jour. Sous ce rapport, ce premier moyen des demandeurs qui ne s'appuie sur aucun texte, est évidemment inadmissible.

En fait, ce moyen ne vaudrait pas mieux qu'en droit.

D'après l'article 6 des statuts, la Société du Tréport avait son siége principal à Paris, rue Tiquetonne, n° 18.

Peu importe que le 15 juin 1837, un mois seulement avant le contrat à la grosse dont il s'agit, une délibération ait modifié le mode d'opérer de la Société; le prêt a été fait à la Société *connue sous la dénomination de Compagnie du Tréport pour la pêche de la marée, constituée suivant acte notarié du 6 juin 1836;* et, par le contrat du 14 juillet 1837, les parties ont fait élection de domicile à Paris, savoir : M. Lavoisier pour la compagnie du Tréport, en l'étude de M⁰ Thomas, notaire à Paris, et M. Leroux en sa demeure.

Rien, en fait, n'obligeait donc le prêteur à faire faire le dépôt et l'enregistrement de son contrat au greffe d'un autre tribunal de commerce que celui de Paris.

Et dès lors, en jugeant que le sieur Leroux avait pu remplir ces formalités au greffe de ce tribunal, lieu du domicile du prêteur, lieu de la confection de l'acte et du domicile élu par les parties, la Cour de Rouen n'a violé ni l'article 192, ni l'article 312 du Code de commerce, ni aucune loi.

Ce premier moyen de cassation est évidemment mal fondé en fait et en droit.

DEUXIÈME MOYEN.

Violation des articles 191, 192 et 311 du Code de commerce en ce que le prêt du 14 juillet 1837 n'ayant pas été appliqué à l'armement ou à l'équipement des barques, manquerait du caractère constitutif du prêt à la grosse; en outre sur ce que ce prêt n'a pas été fait sur des navires exposés aux dangers de la mer, mais sur de simples barques de pêche; enfin, en ce qu'il ne s'agissait pas, lors du prêt, d'un voyage à entreprendre dans le sens de la loi, mais de simples courses à faire dans l'espace d'un an.

§. 1ᵉʳ. — Défaut d'application de la somme prêtée à l'armement et à l'équipement des sloops de pêche affectés à la garantie du prêt.

L'article 191 déclare privilégiées, sous le n° 9, les sommes prêtées à la grosse sur le corps, quille, agrès, apparaux, pour radoub, victuailles, armement et équipement *avant le départ du navire*.

L'article 192 détermine les formes du contrat à la grosse et prescrit le dépôt du double ou de l'expédition de ce contrat au greffe du Tribunal de commerce dans les dix jours de sa date.

Enfin, l'article 311 indique les différentes énonciations que doit contenir le contrat à la grosse.

Toutes les prescriptions de ces trois articles ont été observées.

A l'époque du prêt, les sloops de la Société étaient dans le port; il fallait payer les frais d'armement et d'équipement de ces navires afin de les expédier pour la pêche.

Aussi la délibération du 25 juin 1837 autorisait-elle le sieur Lavoisier à faire pour la Société un emprunt de 30 à 40 000 francs *par contrat à la grosse*, et dans le cas où il ne trouverait pas à emprunter, à vendre jusqu'à concurrence de quatre barques.

Le contrat du 14 juillet constate que le prêt a eu lieu *pour subvenir au paiement des droits, devoirs et dus des bâtiments de pêche*, et il énonce que ce prêt est fait sur les *corps, quilles, agrès* et *apparaux* des douze bâtiments de pêche appartenant à la Compagnie du Tréport.

« En conséquence, est-il dit dans l'acte, lesdits bâtiments avec
« tous leurs agrès et apparaux répondront non-seulement du capi-
« tal du présent prêt, mais encore du profit maritime stipulé au profit
« de M. Leroux, et ils y demeurent affectés et obligés chacun par
« douzième. »

Du contrat du 14 juillet 1837 il résulte donc que les 34 000 fr. prêtés par M. Leroux ont eu pour destination le paiement des *droits, devoirs* et *dus* des douze sloops.

Or les droits, devoirs et dus, c'était l'armement, c'était l'équipement des douze bâtiments qui ne pouvaient prendre la mer sans être armés, équipés et pourvus de victuailles.

Le prêt a été fait, il est vrai, avant le départ des navires, mais pour les mettre en état de prendre mer, de faire voile, d'aller à la pêche; tel a été l'emploi de la somme prêtée; il a été conforme à sa destination; l'un et l'autre résultent du contrat de prêt, et vainement, dans l'intérêt des demandeurs, alléguerait-on le contraire.

Voici sur cette question ce que dit M. Pardessus, page 489 : « Le prêteur n'a pas besoin pour la validité du prêt, de justifier que « la somme empruntée a été utilement employée; l'emprunteur, « de son côté, peut employer l'argent à ce qu'il croit le plus utile « à ses intérêts, le faire servir à l'achat, dans le lieu du départ, de « marchandises à sa convenance, ou le prendre avec lui à bord « pour des opérations ultérieures. Dans tous ces cas, le prêt n'en « est pas moins valable; il suffit, à moins de convention contraire, « qu'il justifie qu'à l'instant où les risques qu'il veut mettre à la « charge du prêteur, ont commencé, des choses de l'espèce indi-« quée, équivalentes à la somme empruntée, y étaient exposées. » Le prêt à la grosse est donc privilégié, quel que soit l'usage qu'en ait fait l'emprunteur.

Ici il est prouvé surabondamment que le prêt a eu la destination énoncée au contrat.

L'art. 191 du Code de commerce a donc été justement appliqué.

Mais y avait-il risques ?

« On nomme contrat à la grosse, ajoute M. Pardessus, *un prêt* « *fait* sur des objets exposés à des risques maritimes. »

Ainsi c'est par la nature des objets sur lesquels le prêt est fait, que se détermine le caractère du prêt.

Il faut qu'il soit fait sur des objets exposés à des risques maritimes; c'est ce point qu'il s'agit maintenant d'examiner.

§. 2ᵉ. — Le prêt du 14 juillet 1837 a-t-il été fait sur des navires exposés à des risques de mer?

Il suffit vraiment de poser la question pour la résoudre.

En effet, ce prêt est fait sur les corps, quilles, agrès et apparaux de douze bâtiments destinés à aller à la pêche, en mer.

Que des bâtiments de pêche soient compris dans l'expression générique de *navires* dont le législateur s'est servi, c'est ce qui ne peut faire l'objet d'un doute; pourquoi en serait-il autrement? est-ce que des bâtiments, des barques, des bateaux de pêche, comme on voudra les appeler, ne sont pas des *navires* dans le sens légal de ce mot?

« L'expression *navire* étant générique, dit M. Pardessus, n° 599,
« doit s'appliquer à des chaloupes, à des barques ou à toutes autres
« constructions employées à naviguer sur mer, lorsque ces objets ne
« sont point eux-mêmes des accessoires destinés au service d'un
« bâtiment plus considérable.»

Mais, disent les demandeurs en cassation, la loi exige que le prêt à la grosse soit fait sur un navire, et sur un navire destiné à faire un voyage, car ce n'est que dans ce cas que la somme prêtée est exposée à périr. Or dans l'espèce, d'une part le prêt n'a pas été fait sur un *navire*, mais sur des barques de pêche; d'autre part, les barques ne faisaient pas ce qu'on appelle, dans le langage maritime, *un voyage;* elles ne faisaient que de petites courses en mer, près de la côte, d'un jour ou deux tout au plus, pour se livrer à la pêche de la marée.

Sur la qualification de *navire* applicable aux bâtiments pêcheurs, nous venons de nous expliquer, il est inutile d'y insister plus long-temps; il est incontestable que, quelque nom qu'on donne aux navires destinés à aller à la pêche maritime, dans toutes sortes de parages, ces bâtiments sont des navires.

Ils naviguent en mer.

C'est pour aller en mer qu'ils sont armés;

Ce n'est qu'en mer qu'ils peuvent faire la pêche;

Qu'importe, après cela, la durée plus ou moins longue de leurs voyages?

Il y en a, disent les adversaires, qui ne durent que quelques jours et qui ne se font que sur les côtes.

Ce n'est pas là un argument.

L'armateur qui a emprunté à la grosse sur des bâtiments destinés à la pêche peut les expédier où il veut.

La pêche maritime a une grande extension. Il y a la pêche de la morue qui se fait principalement aux iles de Saint-Pierre et Miquelon, et au banc de Terre-Neuve.

La pêche du maquereau et du hareng, pour avoir lieu dans des parages moins éloignés, n'en expose pas moins les bâtiments avec lesquels on s'y livre, à tous les risques de mer; et ces risques sont d'autant plus grands que ces navires offrent moins de solidité; qu'ils naviguent le plus souvent près des côtes et que leurs continuelles sorties et rentrées dans le port les exposent à de plus fréquents dangers, notamment sur les côtes de France où les vents d'Ouest, qui règnent presque toute l'année, les mettent perpétuellement en péril.

Ces risques n'étaient pas continuels, ajoutent les demandeurs, ils cessaient quand les bâtiments étaient dans le port, et cependant le profit maritime courait toujours.

D'abord il est inexact de dire que les sloops étaient souvent dans le port. On sait que les bateaux pêcheurs n'y séjournent que pour opérer leur déchargement; qu'ils reprennent la mer aussitôt qu'ils sont déchargés, et que dans leurs allées et leurs venues, ils sont exposés à se briser ou à se perdre.

Ensuite, le plus ou moins de risques que courent des navires peut être une raison d'appréciation du profit maritime entre le prêteur et l'emprunteur à la grosse; mais ce n'est pas une objection contre le véritable caractère d'un contrat à la grosse.

Enfin, la diminution accidentelle des risques ne peut porter aucune atteinte au contrat.

Pothier s'exprime ainsi n° 40 : « Lorsque le prêteur a com- « mencé à courir les risques, *quoiqu'il ne les ait pas courus pen- « dant tout le temps qu'il devait les courir,* le voyage étant abrégé, « le profit maritime ne cesse pas de lui être dû en entier s'il n'est « arrivé aucun accident de force majeure qui ait causé la perte des « effets sur lesquels le prêt a été fait. »

La seule condition exigée pour que des objets soient susceptibles d'être affectés à un prêt à la grosse, est que ces objets soient expo- sés à un risque maritime. Or des bateaux allant en mer pêcher la marée, courent incontestablement des risques maritimes.

Peu importe le plus ou moins d'étendue et de durée de ces risques; il suffit qu'il y ait risque maritime pour que les bâtiments destinés à la pêche puissent être affectés à un prêt à la grosse.

Dans l'espèce, le nombre des sloops est indifférent à la question ; la loi n'a pas défendu de prêter sur plusieurs navires à la fois; les risques sont divisés, voilà tout; mais la division des risques ne vicie pas le contrat.

§. 3. — Il n'y avait pas prêt pour un voyage proprement dit, et telle est la condition de la validité d'un prêt à la grosse.

Cette objection n'a aucune portée.

Il a toujours été de principe qu'un prêt à la grosse pouvait être fait pour un temps déterminé.

L'article 2 de l'ordonnance de 1681 disposait ainsi : « L'argent « à la grosse pourra être donné sur les corps et quille du vaisseau, « les agrès et apparaux, les armements et victuailles, conjointe- « ment ou séparément, et sur le tout ou partie du chargement, « *pour un voyage entier ou* POUR UN TEMPS LIMITÉ. »

« J'ai vu souvent, dit Emérigon, chap. VIII, section 2 , des contrats à la grosse *pour trois mois et à prorata* non excédant une année ; le terme est alors limité à un an à l'échéance duquel le péril cesse vis-à-vis du donneur à qui le capital et le change sont défitivement acquis. »

Sous la législation actuelle, l'emprunt à la grosse peut également être fait pour un temps limité : la preuve s'en trouve dans le texte même de l'article 311, qui veut précisément que le contrat énonce *pour quel temps* le prêt est fait.

M. Pardessus, n° 889, dit : « *Si le prêt est fait pour un temps déterminé, tant de mois, de jours* ou remboursable *à telle époque*, rien ne s'oppose à ce que le porteur par endossement exige le paiement le jour indiqué, ou proteste le lendemain ; il doit donc exercer son recours dans les délais exigés pour les lettres de change ; mais si l'époque du remboursement est indéterminée, *si le prêt est fait pour un voyage*, jusqu'à telle hauteur en mer, le porteur ne peut connaître l'événement, à l'instant même qu'il a lieu, de manière à exiger le paiement ou à protester ; il doit le faire sitôt qu'il en est instruit. »

Boulay-Paty s'exprime dans le même sens : « Si les deniers ont été donnés pour la traversée ou *pour un temps limité*, dit-il, le principal et le change maritime doivent être payés dans le lieu même où le risque maritime finit. » (Page 557.)

Ainsi c'est un point de droit certain, qu'un prêt à la grosse peut être fait pour un temps limité.

Dans l'espèce, la durée du prêt a été fixée à une année.

Pendant ce temps, le prêteur a couru les risques maritimes auxquels sont exposés des bâtiments de pêche.

Si les bâtiments eussent péri, le capital prêté et le profit maritime stipulé eussent été perdus pour lui ; car l'obligation personnelle ne détruit pas le caractère aléatoire du contrat.

« De l'obligation que l'emprunteur contracte par le contrat de
« prêt à la grosse aventure naît, dit Pothier, n° 50, une action per-
« sonnelle qu'a le prêteur contre l'emprunteur pour lui demander
« la restitution de la somme et le profit maritime convenu par le
« contrat. *C'est l'accomplissement de la condition dont cette obli-
« gation dépend qui donne ouverture à cette action.* »

Et sous le n° 33, le même auteur explique quelle est cette obligation et quelle est la condition dont elle dépend : « Le contrat de
« prêt à la grosse aventure, dit-il, est, comme nous l'avons déjà
« dit, un contrat unilatéral, qui ne forme d'obligation que de la
« part de l'emprunteur; l'emprunteur contracte par ce contrat
« envers le prêteur, l'obligation de lui rendre la somme prêtée et
« de lui payer en outre le profit maritime convenu; mais il ne la
« contracte même pour la restitution de la somme principale, que
« sous une condition : *S'il ne survient pas quelque accident de force
« majeure qui cause la perte des effets sur lesquels le prêt est fait.* »

Donc par sa nature même, le contrat du 14 juillet 1837 était
aléatoire; et comme le prêteur a couru tous les risques auxquels
ont été exposés, pour la durée du prêt, les bâtiments qui lui ont
été affectés, il doit recevoir et le capital prêté et le profit maritime
convenu.

Il a couru les risques, car les douze sloops ont été armés et équipés en bâtiments pêcheurs; ils ont fait la pêche pour laquelle ils
étaient destinés, et ils ont été exposés pendant le temps déterminé à
tous les risques de mer qui pouvaient occasionner leur perte totale
ou partielle; quels qu'aient été le nombre et la durée de leurs voyages, leurs allées et venues du port à la pleine mer, et réciproque-
ment, les risques maritimes ont existé; le contrat à la grosse
souscrit en faveur du sieur Leroux doit donc être exécuté.

Dans le cas où les douze sloops eussent péri, les emprunteurs
n'auraient pas manqué d'opposer au prêteur que les conséquences
d'un tel événement lui enlevaient toute action contre eux.

Si, dans cette hypothèse, ils eussent profité du caractère aléatoire du contrat pour se dispenser de payer, ils ne peuvent aujourd'hui contester son droit en équivoquant sur la validité du même titre.

En résumé, le prêt a été fait pour subvenir *aux droits, devoirs et dus* des douze sloops désignés dans le contrat de grosse ; par suite les douze bâtiments de pêche ont été armés, équipés et ont pu mettre à la voile, prendre la mer et aller à la pêche.

Fait sur des objets exposés à des risques maritimes, à des cas fortuits pouvant en causer la perte, le prêt à la grosse du 14 juillet 1837 est sous ce point de vue parfaitement valable ;

Fait pour un temps déterminé pendant lequel les bâtiments pêcheurs pouvaient faire et ont fait tous les voyages auxquels sont destinés des bateaux pêcheurs, la validité de ce prêt est encore sous ce rapport incontestable.

Ainsi sous quelque aspect qu'on envisage le deuxième moyen de cassation présenté par les demandeurs, il est de tous points mal fondé.

TROISIÈME MOYEN.

Fausse application de l'article 311 du Code de commerce en ce que le profit maritime ne pouvait être accordé au prêteur que jusqu'au moment où les barques, rentrées dans le port, ont été définitivement désarmées et non jusqu'au jour de la vente de ces barques, comme l'a décidé l'arrêt.

Sur ce point, la Cour royale a dit :

« Attendu qu'il est allégué, *mais non justifié*, que les risques de mer avaient cessé pour le prêteur six mois avant la vente des douze sloops affectés à la garantie du prêt ; que d'ailleurs, cette prétendue cessation de risques n'a point été signifiée au prêteur . . . . dit que Leroux a privilége sur les douze sloops de pêche. . . . . pour le capital de 34 000 fr. par lui prêté à la grosse et pour le profit maritime de 12 o/o par an, mais seulement jusqu'au jour de la vente des navires. »

3

L'article 311 que les demandeurs prétendent avoir été faussement appliqué est ainsi conçu :

« Le contrat à la grosse est fait devant notaire, il énonce :

« Le capital prêté et la somme convenue pour le profit maritime ;

« Les objets sur lesquels le prêt est affecté ;

« Les noms du navire et du capitaine ;

« Ceux du prêteur et de l'emprunteur ;

« Si le prêt a lieu pour un voyage ;

« Pour quel voyage et pour quel temps ;

« L'époque du remboursement. »

On n'aperçoit pas en quoi cet article a été faussement appliqué, parce que la Cour, en constatant, en fait, qu'*il n'était pas justifié* que les risques avaient cessé six mois avant la vente des sloops, a accordé le profit maritime jusqu'au moment de cette vente.

Il faut remarquer à cet égard, 1°. que le prêt était fait pour un an à partir du contrat, c'est-à-dire à partir du 14 juillet 1837, qu'ainsi les emprunteurs étaient liés pour un an par la convention, et qu'il ne dépendait pas d'eux de la modifier ; 2°. qu'il n'a pas été justifié devant la Cour royale que les risques eussent cessé avant la vente des sloops.

Vainement les demandeurs diraient-ils que c'est là une erreur, et produiraient-ils en preuve de cette prétendue erreur, un certificat du sous-commissaire de marine du Tréport.

De deux choses l'une : ou ce certificat a été produit devant la Cour royale de Rouen, et l'arrêt l'ayant considéré comme ne justifiant pas le fait allégué, l'appréciation qu'elle en a faite ne peut être revisée par la Cour de cassation ;

Ou il n'a pas été produit, et le fait constaté par l'arrêt reste acquis avec ses conséquences.

Il ne s'agit pas en effet de faire une nouvelle instruction devant la Cour de cassation.

La Cour royale a-t-elle ou non faussement appliqué la loi aux faits par elle constatés?

Voilà la question.

Or la Cour de Rouen a déclaré qu'il n'était pas justifié que le désarmement eût été effectué avant la vente des sloops; — c'est là un fait qui ne peut être remis en question devant la Cour suprême; a été souverainement jugé par l'arrêt attaqué, et c'est de ce fait qu'il faut partir pour apprécier le point de droit.

Ramenée à ces termes, la question n'en est plus une. La convention doit produire tout son effet; et, outre que la seule volonté des emprunteurs n'aurait pu la modifier, le fait sur lequel ils se fondent ayant été déclaré non justifié, ils ne peuvent l'invoquer à l'appui de leur pourvoi.

La Cour royale a d'ailleurs donné une autre raison, c'est que la prétendue cessation des risques n'avait pas été notifiée au prêteur.

Cette raison serait à elle seule décisive.

Effectivement, d'après le contrat, l'intérêt maritime courait à 12 pour 100.

Si le désarmement eût donné aux emprunteurs le droit de faire cesser cet intérêt, c'eût été sans doute à la condition de le faire connaitre au prêteur, pour qu'il eût à s'assurer du fait, à l'admettre ou à le contester; car tant qu'il n'était pas averti de l'intention des emprunteurs de faire cesser le profit, la convention continuait de produire tout son effet.

Les demandeurs terminent sur ce moyen en disant que dans tous les cas on ne pourrait faire courir le profit maritime que jusqu'au moment où le prêt à la grosse *devait* finir.

Mais leur propre principe sert à les réfuter.

C'est avec les risques que finit le profit maritime.

Or les risques n'ont cessé légalement que par la vente des sloops.

En fait au surplus cette seconde branche du moyen n'aurait aucun fondement.

Les demandeurs énoncent, effectivement, dans leur mémoire : « que le 10 avril 1838, les actionnaires réunis en assemblée générale « prononcèrent la dissolution de la société et nommèrent quatre « liquidateurs qui furent chargés de vendre et vendirent effective- « ment les bâtiments de la société, dont le prix fut déposé à la caisse « des consignations; mais que plusieurs créanciers firent mettre la « société en état de faillite, et qu'elle fut prononcée par jugement « du Tribunal de commerce d'Eu, en date du 10 juillet 1838. »

A cette époque, 10 juillet 1838, l'année pour laquelle le prêt avait été fait et durant laquelle le profit maritime devait courir, n'était pas encore écoulée, et déjà les sloops étaient vendus; de sorte que l'arrêt n'accorde même pas ce profit pour tout le temps qu'il a été stipulé.

En fait comme en droit, ce moyen est donc aussi mal fondé que les deux précédents.

QUATRIÈME MOYEN.

Violation des articles 1904, 1153, 1154, 1155 du Code civil, en ce que la Cour royale ne pouvait accorder au prêteur des intérêts de plein droit à 6 o/o après la cessation du profit maritime ou à partir de l'expiration du contrat jusqu'au remboursement.

Disons tout d'abord qu'il ne pourrait s'agir que des intérêts cou-rus depuis la vente des sloops jusqu'au jour où le sieur Leroux a produit ses titres entre les mains du juge-commissaire de la faillite, avec demande en admission comme créancier privilégié sur le prix, ce qui réduit l'importance pécuniaire du moyen à fort peu de chose.

Quoi qu'il en soit, ce moyen, ainsi réduit dans sa portée, est-il fondé?

Il ne s'agit pas ici d'une créance non productive d'intérêts ; de sa nature, comme par la convention, la créance produit des intérêts.

Ces intérêts sont stipulés.

Ils le sont jusqu'à l'époque convenue pour le remboursement, c'est-à-dire *jusqu'au remboursement.*

Virtuellement et par la seule force du contrat, ces intérêts sont donc dus jusqu'au paiement.

En effet, lorsqu'un prêt est fait pour un an et qu'il est stipulé, comme dans l'espèce, qu'à l'expiration de l'année l'emprunteur rendra la somme prêtée avec l'intérêt, il y a par cela même convention que cet intérêt continue à courir jusqu'au paiement, si ce paiement n'est pas effectué au terme convenu ; car le prêteur et l'emprunteur ont entendu que l'intérêt courrait tant que le principal serait dû ; et que la cessation de l'intérêt n'aurait lieu que par l'effet du remboursement.

Dans le contrat du 14 juillet 1857, le délai d'un an est fixé pour le remboursement du capital, et quant à l'intérêt, la stipulation est conçue en termes qui indiquent que les parties ont voulu qu'il courût jusqu'au remboursement.

Il était possible en effet que ce remboursement ne fût pas effectué au bout de l'année, et, ce cas arrivant, les parties n'entendaient pas qu'il ne fût plus dû d'intérêts.

Il y a donc ici stipulation sur la continuation des intérêts, et sous ce rapport, en les accordant à 6 o/o à partir de la vente des douze sloops, la Cour royale *a interprété* selon son vrai sens la convention, et en a fait une juste application.

Les demandeurs en cassation sont obligés de convenir qu'Émérigon, Decornis et Boulay-Paty professent que l'intérêt ordinaire est dû de plein droit sans mise en demeure, et que cette doctrine est appuyée sur la loi de *nautico fœnore*, sur la glose, sur des décisions de l'amirauté de Marseille, sur des arrêts du parlement d'Aix et sur un arrêt de la Cour royale de Rennes du 5 pluviôse an XI; mais ils soutiennent que cette opinion s'écarte des vrais principes du droit et ils citent d'autres auteurs qui se bornent à dire que le débiteur qui ne paie pas à terme ne doit des intérêts qu'autant qu'ils lui ont été demandés en justice, ce qui n'est pas la question du procès.

M. Pardessus n'exprime sur ce point qu'une opinion non motivée, mais il détruit l'argument des demandeurs par cette finale, *à moins d'une convention expresse qui fasse courir l'intérêt de plein droit*, ce qui place la question dans la convention, et amène la solution que lui a donnée la Cour royale *en interprétant le contrat*.

« Le Code civil, dit M. Boulay-Paty (tome II, page 441), a dé-
« claré qu'il n'entendait pas déroger aux usages du commerce, *sauf*
« *les règles particulières au commerce,* porté l'article 1153; or, en
« l'absence de la loi, ces règles s'établissent par l'usage consacré
« par la jurisprudence, et dans l'hypothèse où nous raisonnons, il
« y a généralité de l'usage établi par la jurisprudence constante
« des tribunaux; tous les arrêts ont décidé que le principal d'un
« contrat à la grosse produit des intérêts de terre de *plein droit*
« aussitôt les risques finis, ainsi il n'y a pas de doute que les intérêts
« de terre du capital sont dus *ipso jure* depuis la cessation des
« risques, à 6 o/o comme intérêts de commerce, sans qu'il soit
« besoin de demande ni de convention. »

« En dernière analyse, l'ancienne jurisprudence avait consacré
« en principe que les intérêts de terre du capital prêté étaient dus
« *ipso jure;* la nouvelle jurisprudence a admis cette doctrine puisée
« dans la nature même des contrats à la grosse. »

Cette opinion qui s'appuie sur le droit romain, sur le droit français, sur les décisions de l'amirauté de Marseille, sur les arrêts du parlement d'Aix, la doctrine d'Émérigon, de Decornis et de M. Toullier qui fit rendre l'arrêt de Rennes du 5 pluviôse an XI, est tellement motivée qu'il serait superflu d'y rien ajouter.

Terminons cependant par le texte de l'arrêt de la Cour de Rennes :

« Considérant *qu'il est de principe et de jurisprudence constante,* « a dit cette cour, que le capital d'un contrat à la grosse produit « *des intérêts de plein droit* à compter du terme stipulé pour le rem- « boursement du prêt et accessoires, etc. »

Le quatrième moyen de cassation présenté par les demandeurs est donc sous tous les rapports inadmissible.

CINQUIÈME MOYEN.

Violation de l'article 191 du Code de commerce en ce qu'en sup- posant que des intérêts fussent dus de plein droit au prêteur à par- tir de la vente des sloops, ces intérêts ne seraient pas privilégiés comme le capital lui-même et comme le profit maritime.

Selon les demandeurs, les intérêts ordinaires constituant une créance particulière, distincte et indépendante du capital prêté et du profit maritime, l'article 191 du Code de commerce ne leur serait pas applicable.

Un principe élémentaire répond à cette prétention; c'est que l'accessoire suit le sort du principal, qu'il participe au même privi- lége, et que les intérêts dont il s'agit sont incontestablement un accessoire.

« Le mot *accessoire* est général, dit Ferrière, il comprend les « intérêts, les fruits, les dépendances et les suites des choses prin- « cipales. »

Du moment où l'accessoire comprend l'intérêt, il n'y a vérita- blement pas de question, car l'accessoire est lié au principal; l'un et l'autre sont régis par le même principe ; le privilége inhérent au principal s'étend aux intérêts.

Les demandeurs le reconnaissent eux-mêmes en admettant que l'intérêt maritime jouit du même privilége que le capital prêté, quoique le §. 7 de l'article 191 ne parle *que des sommes prêtées à la grosse*; or il n'y a aucune différence à faire entre l'intérêt maritime et l'intérêt de terre, si ce n'est quant à la quotité, l'un et l'autre intérêt constituant un simple accessoire qui suit le sort du principal.

« Le privilége, dit l'article 2095 du Code civil, est un droit que « *la qualité de la créance* donne aux créanciers d'être préférés aux « autres créanciers. »

La qualité de la créance. . . . voilà ce qui constitue le privilége; or cette qualité est la même pour le capital que pour l'intérêt ; une distinction entre l'un et l'autre est impossible.

Ces observations sont suffisantes pour démontrer que le cinquième moyen n'est pas mieux fondé que les précédents, et que, comme eux, il doit être rejeté.

Le pourvoi ne repose donc sur aucun moyen fondé, et en le rejetant la Cour fera une juste application des principes, de la loi, et de la jurisprudence.

HUET, Avocat aux Conseils du Roi
et à la Cour de cassation.

DE L'IMPRIMERIE DE CRAPELET,
RUE DE VAUGIRARD, N°. 9.